AF318158

CATALOGUE

DES LIVRES

DE FEU M. LE PRESIDENT

LE COUSTURIER

DE MAUREGARD.

THEOLOGIE,

in folio.

1   Bible Latine du Louvre. 8. *v.*
2   Bible Latine. *Lyon* 1669.
3   Bible Françoise de Frizon. *Par.* 1621. 2. *v. fig.*
4   Concordantiæ Bibliorum. *Antverp.* 1642.
5   Tirinus in Scripturam. *Lugd.* 1683.
6   Estius in Scripturam. *Par.* 1684.
7   Estius in Paulum. *Duaci* 1616. 2. *v.*
8   Cornelius à Lapide in Evang. Acta Apost. & Paulum. 3. *v.*
9   Jansenius Gand. in Evangelia.
10 Diction. de l'Ecriture S. par Huré. 2. *v.*
11 Missale Parif. D. de Noailles.

A

12 S. Hieronymus Benedictinorum : tom. 1. & 2.
   2. *v. mar.*
13 S. Ambrosius Benedictinor. 2. *v. C. M. mar.*
14 S. Hilarius Benedictin. *mar.*
15 S. Bernardus. 6. *v. du Louvre.*
16 S. Thomæ Summa. *Par.* 1652. 3. *v.*
17 Jansenii Iprensis Augustinus. *Rothom.* 1643.
18 Alberti Magni Opera. 21. *v.*
19 Navarri Opera. 3. *v.*
20 Bonacinæ Opera. *Lugd.* 1646. 2. *v.*
21 Lessius de Justitia & Jure.
22 Sanchez de Matrimonio. *Lugd.* 1637.
22* Catéchisme Latin de Montpellier. 2. *v.*

JURISPRUDENCE,

in folio.

23 Conciliorum Collectio Binii. *Par.* 10. *v.*
24 Hermant Index in Concilia.
25 Delalande Supplem. Concilior. Galliæ.
26 Odespun Concilia novissima Galliæ.
27 Bochelli Decreta Ecclesiæ Gallic.
28 Du Plessis d'Argentré Collectio Judiciorum
   Ecclesiæ de novis Erroribus. 2. *v.*
29 Ant. Augustini Epitome veteris Juris Pontificii.
30 Corpus Juris Canon. cum Glossis. *Par.* 1585.
   3. *v.*
31 Daoyz Index Juris Canon. *Burdig.* 1624.
32 Barbosa de Jure Ecclesiastico. 8. *tom. in* 4. *v.*
33 Gambarus de Legato à latere.
34 Bengeus & Pinssonius de Beneficiis.
35 Parisius de Beneficiis.
36 Rebuffi Praxis Beneficiorum. *Par.* 1664.
37 Urrutigoyti de Ecclesiis Cathedral.
38 Bordenave des Eglises Cathedr. & Collégiales.
39 Marca de Concordia, &c. *Par.* 1663.

40 Mem. du Clergé, par le Gentil. 6. *v.*
41 Fevret de l'Abus. *Lyon.* 1677.
42 Caſtel ſur les Regles de la Chancellerie Romaine.
43 Haëſteni Diſquiſitiones Monaſticæ. 2. *v.*
44 Bibliotheca Præmonſtratenſis.
45 Henriquez Conſtitutiones & Privil. Ordinis Ciſterc.
46 Onomaſticon Ciſtercienſe.
47 Menologium Ciſtercienſe.
48 Henriquez Lilia Ciſtercii.
49 Tamburinus de Jure Abbatum. 3. *v.*
50 Statuta Hoſpitalis Hieruſalem. *Romæ. fig.*
51 Privileges de l'Ordre de Malte. *Par.* 1700.
52 Grotius de Jure Belli & Pacis.
53 Baſilica Gr. Lat. Fabrotti. 7. *v.*
54 Codex Theodoſianus Gothofredi. 4. *v.*
55 Corpus Juris Civil. cum Gloſſis, & cum Indice Daoyz. *Lugd.* 1627. 6. *v.*
56 Cujacius Fabrotti. 10. *v.*
57 Covarruviæ opera.
58 Rebuffi opera. 5. *v.*
59 Mornacii opera. 4. *v.*
60 Menochii Conſilia. 4. *v.*
61 Idem de Præſumptionibus.
62 Idem de arbitrariis Judicum Quæſtionibus.
63 Idem de Poſſeſſione adipiſcenda.
64 Card. Tuſchi practicæ Concluſiones Juris. 8. tom. in 4. *v.*
65 Ant. Faber de erroribus Pragmaticorum & Interpretum Juris. 2. *v.*
66 Codex Fabrianus.
67 Briſſonius de Verborum ſignificatione, & de Formulis. 2. *v.*
68 Idem de Verborum ſignificat. *Lipſia* 1721.
69 Julii Clari opera. *Lugd.* 1661.
70 Mantica de tacitis & ambiguis Conventionibus.

100 Bodreau fur la Cout. du Maine.

101 Des Malicottes fur la même Coutume.

102 Delalande fur la Cout. d'Orléans.

103 Pontanus fur la Cout. de Blois.

104 Ordonn. de la Franche-Comté, par Petre-
mand.

105 Suite des Ordonn. de la Franche-Comté.

106 Le Franc-Alleu de Languedoc, par de Cafe-
neuve.

107 Coutumes de Flandres. *Cambray* 1719. 3. *v.*

108 Arrêts de Henrys. 2. *v.*

109 Arrêts de Tournet. 2. *v.*

110 Arrêts & Décifions de Filleau. 3. *v.*

111 Arrêts de Defmaifons.

112 Arrêts de Tolofe, par Maynard & Defcorbiac.
2. *v.*

113 Arrêts de Tolofe, par Cambolas.

114 Arrêts de Provence, par Boniface. 2. *v.*

115 Arrêts de Dauphiné, par Baffet. 2. *v.*

116 Bibliot. des Arrêts, par Jovet.

117 Le Notaire de Papon. 3. *v.*

118 Œuvres de Charondas. 2. *v.*

119 Choppini opera. 4. *v.*

120 Choppin traduit. 5. *v.*

121 Œuvres de Grimaudet.

122 Œuvres de Peleus.

123 Œuvres de le Bret.

124 Œuvres de d'Olive.

125 Œuvres de Defpeiffes. 3. *v.*

126 Œuvres de Bacquet. *Par.* 1644. *gr. pap.*

127 Les mêmes. *Par.* 1664.

128 Droits du Roi, par Dupuy. *Par.* 1655.

129 Les mêmes. *Roüen* 1670.

130 Traité de la Police. *Par.* 1722. 3. *v.*

131 Chantereau le Febvre des Fiefs.

132 Salvaing de l'ufage des Fiefs.

133 Plaidoyez de Servin.

134 Plaidoyez de le Maiftre.
135 Codex Legum antiquarum. *Francof.* 161**3**
136 Stockmans Decifiones Curiæ Brabantiæ.
137 Las fiete Partidas , o Leyes de Efpaña.
138 Lyndewode Provinciale, feu Conftitutiones Angliæ. *Par.* 1501.
139 Bracton de Legibus & Confuetudinibus Angliæ. *Lond.* 1569.
140 Statuta Regni Poloniæ. *Dantifci* 1620.

SCIENCES & ARTS,

in folio.

141 Platonis opera , Gr. *Apud Aldum.*
142 Plato , Lat. per Ficinum.
143 Plinii Hift. Mundi , ex edit. Dalecampii.
144 Gefnerus de Pifcibus & Avibus. *Tiguri* 1558. *fig. enlum.*
145 Gafp. à Reies Campus Elyfius jucundarum Quæftionum Medicarum. *Bruxel.* 1661.
146 Vifion parfaite, par Cherubin d'Orléans. *fig.*
147 Ordres d'Architecture, par Boffe. *fig.*

BELLES LETTRES,

in folio.

148 Lexicon Gr. Lat. Budæi, Tuffani & Conftantini.
149 Calepini Dictionarium Octolingue. 2. *v.*
150 Voffii Etymologicon linguæ Latinæ.
151 Du Cange Gloffarium Latinitatis. *Par.* 1678. 3. *v.*
152 Demofthenis opera , Gr. Lat. *Ffurti* 1604.
153 Cicero Lambini. 2. *v.*
154 Poëtæ Græci veteres , Gr. Lat.
155 Ariftophanes, Gr. Lat. Kufteri. *Amft.* 1710.

156 Ovidius Diverforum. *Ffurti* 1601.
157 Métamorphofes d'Ovide, de Renouard. *fig.*
158 Les mêmes de du Ryer. *fig.*
159 Ballet Royal des Nôces de Thétis, avec les fig. de Silveftre. *br.*
160 Dante di Landino & Vellutello. *Venet.* 1578. *fig.*
161 Iconologie de Ripa, trad. par Baudoin. *fig.*
162 Tableaux de Philoftrate, trad. par de Vigenere. *Par.* 1614. *fig.*
162* Luciani opera, Gr. Lat. *Par.* 1615.

HISTOIRE,

in folio.

163 Théatre du Monde, par Davity. *gr. p.*
164 Civitates Orbis Terrarum. 2. *v. fig.*
165 Cartes de Sanfon, au nombre de 150. enluminées. *grand vol.*
166 Cartes de la France, de Taffin.
167 Eufebius & alii Hiftoriæ Eccl. Scriptores, Lat. per Valefium.
168 Hiftoire Sainte du N. Teft. par Talon.
169 Baronii Annales Ecclefiaftici. *Anverp.* 12. *v.*
170 Spondani Epitome Baronii. 2. *v.*
171 Symonetæ Hift. Pontificum Rom. *Bafil.* 1509.
172 Hift. des Papes, par du Chefne.
173 D'Attichy Hift. Cardinalium. 2. *v.*
174 Frizon Gallia Purpurata.
175 Hift. des Cardinaux Franç. par du Chefne. 2. *tom. en* 1. *v. fig.*
176 Sammarthanorum Gallia Chriftiana. 4. *v.*
177 Antiquités de la Chapelle du Roy, par du Peyrat.
178 Hift. des Archevêques de Roüen, par Pommeraye.
179 Severtii Archiepifcopi Lugdunenfes.

180 Hist. des Evêq. de Metz, par Meurisse.

181 Hist. de l'Abbaye de S. Denis, par Felibien. *fig.*

182 Manrique Annales Cistercienses. *3. tom. in* 2. *v.*

183 Henriquez Fasciculus Sanctorum Ord. Cistercienfis.

184 Lanovii Chronicon Ord. Minimorum.

185 Orlandini & Sacchini Hist. Societ. Jesu. 3. *t. in* 2. *v.*

186 Alegambe Scriptores Soc. Jesu.

187 Hist. de l'Ordre de Malte, par Baudoin.

188 Baronii Martyrologium Romanum.

189 Vies des Saints, par Baillet. *Par.* 1701. 4. *v.*

190 Vies des Saints, par Blondel. *Par.* 1722.

191 Hist. des Personnes illustres en piété, par Hilarion de Coste.

192 La Cour sainte, par Caussin. 2. *v.*

193 Hist. des Juifs de Joseph, trad. par Arnauld d'Andilly. *le Petit.* 2. *v.*

194 La même. *Amst.* 1700. *fig.*

195 La même. *fig. gr. p.*

196 Appian des Guerres des Romains, trad. par Desmares.

197 Tite-Live, trad. par du Ryer. 2. *v. gr. p.*

198 Julius Cæsar, cum notis diverforum. *Ffurti* 1575. *fig. mar.*

199 Tacitus & Velleïus Paterculus Lipfii.

200 Historiæ Byzantinæ Scriptores, Gr. Lat. 20. *v. du Louvre.*

201 Pachymeris Historiæ, Gr. Lat. *Romæ* 1666.

202 Gesta Dei per Francos, sive Expeditionum Orientalium Historia per varios Scriptores. *Hanoviæ* 1611.

203 Possevini Gonzaga, feu Hist. Ducum & Principum Mantuæ. *Mantuæ* 162 8

204 Recherches de la France, de Pasquier. *Paris* 1665.

205 La Mer des Chroniques de France, trad. du Latin de Gaguin. *Par.* 1536.

206 Pauli Æmilii Hist. Francorum. *Vascosan.*

207 Recueil des Rois de France, par du Tillet. 2. *vol.*

208 Chronique de France de Belleforêt & Chappuys. *Par.* 1617.

209 Histoire de France, de du Haillan. 2. *v.*

210 Histoire de France, de Dupleix. 5. *v.*

211 Histoire de France, de Cordemoy. 2. *v. vign.*

212 Histoire de France, de Daniel. 3. *v.*

213 Histoire de Saint Louis, par de Joinville. *Par.* 1668.

214 Histoire de du Guesclin, par du Chastelet.

215 Histoire de Charles VI. par le Laboureur. 2. *v.*

216 Histoire de Charles VII. *du Louvre.*

217 Histoire de Charles VIII. *du Louvre.*

218 Chroniq. de Froissart. *Par.* 1574.

219 Chroniq. de Monstrelet. *Par.* 1572.

220 Mémoires de du Bellay. *sans front.*

221 Belcarii Historia Gallica.

222 Histoire du Maréchal de Matignon, par de Cailliere.

223 Guerres civiles de France, trad. de Davila, par Baudoin.

224 Histoire universelle, de d'Aubigné.

225 Mémoires du Duc de Nevers. 2. *v.*

226 Histoire de M. de Thou, traduite par du Ryer. 3. *v.*

227 Mémoires de Sully. 2. *v.*

228 Gramondi Historia Galliæ.

229 Histoire du Connétable de Lesdiguieres, par Videl.

230 Triomphes de Louis XIII. par Valdor. *figures, gr. pap.*

231 Histoire du Maréchal de Toiras, par Baudier.

232 Histoire du Ministére de Richelieu.

233 Recueil de Piéces pour la Reine Mere contre le Card. de Richelieu, par de Saint-Germain. 2. *v gr. papier.*

234 Entrée de la Reine Mere dans les Villes des Pays-Bas. *fig.*

235 La Mort de Louis XIII. par Girard. *du Louvre.*

235 * Mémoires de Marolles. *Par.* 1656.

236 Entrée de Louis XIV. à Paris en 1660. *fig. gr. pap.*

237 Medailles de Louis XV. par Godonnesche. *fig. broch.*

238 L'Empire François, par Turquoys.

239 Antiq. & Annales de Paris, par Malingre. **2. *v.***

240 Hiſtoire de Normandie, par du Moulin.

241 Hiſtoire de Bretagne, par d'Argentré.

242 Hiſtoire de Bretagne, avec les Chroniques des Maiſons de Vitré & de Laval, par le Baud ; augmentée par d'Hozier.

243 Hiſtoire généalogique des Maiſons illuſtres de Bretagne, par du Paz.

244 Hiſtoire de Berry, par Chaumeau.

245 Hiſtoire de Lyon, par Paradin.

246 Hiſtoire de Lyon, par de Saint-Aubin.

247 Hiſtoire de Breſſe & de Bugey, par Guichenon. *fig.*

248 Origine des Bourguignons, par de Saint-Julien.

249 Recueil de Piéces pour l'Hiſtoire de Bourgogne, par Perard.

250 Le Parlement de Bourgogne, par Palliot. *fig.*

251 Hiſtoire des Comtes de Poitou & Ducs de Guyenne, par Beſly.

252 Annales d'Aquitaine, par Bouchet ; augmentées par Mounin.

253 Hiſtoire de Languedoc, par Catel.

254 Hiſtoire des Comtes de Toloſe, par Catel.

255 Hiſtoire des Comtes de Provence , par de Ruffi.

256 Hiſtoire de Provence , par Noſtradamus.

257 Guefnay Annales Maſſilienſes,

258 Hiſtoire de Navarre, par Favyn.

259 Hiſtoire de Navarre & de Flandre , par Galand.

260 Mémoires d'Etat, recueillis par Ribier. 2. *v.*

261 Hiſtoire des Connétables & Grands Officiers de la Couronne , par le Feron & Godefroy. *du Louvre.*

262 Hiſtoire des Chanceliers , par du Chefne.

263 Hiſtoire de la Chancellerie , par Teſſereau.

264 Hiſtoire des Miniſtres d'Etat , par Autcuil.

265 Des Parlemens de France , par de la Roche-flavin.

266 Premiers Préſidens au Parlement de Paris. *fig.*

267 Préſidens au Mortier , & Conſeillers au Parlement de Paris. *fig.*

268 Généalogies des Maîtres des Requêtes. *fig.*

269 Cérémonial François, par Godefroy. 2. *vol.* *gr. papier.*

270 Guicciardin des Guerres d'Italie , trad. par Chomedey.

271 Chronique de Flandre , & Mémoires d'Olivier de la Marche ; publiés par Sauvage.

272 Antiquités & Nobleſſe de Flandre , par de l'Eſpinoy. *fig.*

273 Hiſtoire des Provinces-Unies des Pays-Bas , par le Clerc. *Amſt.* 1728. 3. *vol. fig.*

274 Hiſt. de Eſpaña , por de Mariana. 2. *v.*

275 Hiſtoire d'Eſpagne, par de Mayerne Turquet. *gr. papier.*

276 Matthæi Paris Hiſt. Angliæ. *Par.* 1644.

277 Jonſtoni Hiſtoria Britannica.

278 Hiſtoire d'Angleterre , par du Chefne. 2. *v.*

279 Hiſtoire des Turcs , de Chalcondyle, traduite par Vigenere ; & continuée. 2. *v.*

280 Cronica de Caſtrioto Rey de Epiro o Albania.

281 Hiſtoire du Nouveau Monde, ou des Indés Occidentales, par de Laët. *Elzevir. fig.*

282 Science Héroïque, par de la Colombiere. *Par.* 1644. *fig.*

283 La même. *Par.* 1669. *fig.*

284 Hiſtoire généalog. de la Maiſon de France, par de Sainte-Marthe. *Par.* 1647. 2. *vol. fig.*

285 Hiſtoire généalogique de la Maiſon de Courtenay, par du Bouchet. *fig.*

286 Hiſtoire généalogique de la Maiſon de Savoye, par Guichenon. 2. *v. fig. gr. pap.*

287 Conſidérations ſur la Généalogie de la Maiſon de Lorraine, par Chantereau le Febvre.

288 Hiſtoire généalogique des Maiſons de Dreux, Montmorency, Chaſtillon, Chaſteigniers, Bethune, Vergy, & Guines, par du Cheſne. 7. *v. fig.*

289 Preuves de l'Hiſtoire de la Maiſon de Coligny, par du Bouchet.

290 Familiæ Romanæ in antiquis Numiſmatibus, per Fulvium Urſinum & Ant. Auguſtinum. *Roma. fig.*

291 Les Statues de Rome, de Perrier.

292 Mabillon de Re Diplomatica. *Par.* 1681. *fig.*

293 Les Femmes fortes, par le Moyne. *fig.*

294 Dictionnaire de Moreri. *Lyon* 1674.

295 Le même : nouvelle édition, avec le Supplement. *Par.* 1699. & 1714. 5. *v.*

296 Le même : nouvelle édition. *Par.* 1718. 5. *v.*

THEOLOGIE,

in quarto.

297 Bible Françoise , de Saci ; avec les figures de l'Histoire Sacrée , gravées par de Marne. *Par.* 1730. 6. *v.*

298 Bible Latine & Franç. de Calmet. *Par.* 24. *v.*

299 Bible Italienne , de Diodati. *mar.*

300 Nouveau Testament Fr. d'Amelote. 2. *v.*

301 Epîtres & Evangiles , de Girard. *Imprimerie Royale.*

302 Histoire de la Bible , par de Royaumont. *Le Petit* , 1670. *premiére édition* , *fig.*

303 Jansenius Iprensis in Pentateuchum & Evang. *Par. Jost.* 2. *v.*

304 Bellarminus in Psalmos.

305 Pseaumes & Vie de David , par de Choisy.

306 Explication des Textes difficiles de l'Ecriture , par D. Jacq. Martin. 2. *v. fig.*

307 Lamy Comment. in Harm. Evang. 2. *v.*

308 Fraßen Disquisitiones Biblicæ.

309 Collectio Auctorum qui S. Scripturæ Translationes vulgares damnarunt.

310 Durantus de Ritibus Ecclesiæ.

311 Durandi Rationale Officiorum.

312 Bona de Rebus Liturgicis.

313 Bona de divina Psalmodia.

314 Martene de antiquis Ecclesiæ Ritibus. 3. *vol. mar.*

315 Idem de antiquis Monachorum Ritibus. *mar.*

316 Breviarium Paris. D. de Vintimille. 4. *v.*

317 Rituel de Reims, de M. le Tellier.

318 Martene Collectio veterum Scriptorum. *mar.*

319 Mabillon Museum Italicum. 2. *v. mar.*

320 Abrégé de la Théologie, (par le Tourneux.)

321 Petau de la Pénitence publique.
322 Herfent de la fréquente Communion.
323 Heffelii Catechifmus. 2. *v.*
324 Imitation de J. C. en vers, par Corneille. *fig.*
325 Perfection chrétienne, de Rodriguez, trad. par Regnier des Marais. 3. *v.*
326 Méditations de Beuvelet.
327 Le Vaffor de la véritable Religion.
328 La Religion Chrétienne prouvée par les faits, par Houtteville.
329 Méthode pour les Controverfes, par le Cardinal de Richelieu.
330 Réponfe à la Méthode, par Martel.
331 Perpétuité touchant l'Euchariftie : Tome premier. *mar.*
332 Réponfe du Miniftre Claude.
333 Vivant de la Réunion de l'Eglife Anglicane.

JURISPRUDENCE,

in quarto.

334 Lupus in Canones Conciliorum. 5. *v.*
335 Dupin de antiqua Ecclefiæ Difciplina.
336 Richerii Vindiciæ doctrinæ Majorum Scholæ Parifienfis.
337 Calixtus de Conjugio Clericorum.
338 Des Jugemens Canoniques des Evêques, par David.
339 De Roye de Jure Patronatûs.
340 S. Ludovici Pragmatica Sanctio, cum notis Pinffonii.
341 Boffuet Defenfio Declarationis Cleri Gallic. *Luxemb.* 1730.
342 La même Défenfe, en Lat. & en Fr.
343 Recueil des affaires du Clergé. 5. *v.*

344 Actes & Mém. du Clergé de 1645. & 46.

345 L'Hôpital Général de Paris.

346 L'Aumône Générale de Lyon.

347 Devoirs de la Vie Monastiq. par l'Abbé de la Trape. 2. *v.*

348 Mabillon des Etudes Monastiques.

349 Réponse de l'Abbé de la Trape.

350 Réflexions sur la Réponse, par Mabillon.

351 Codex Regularum Monasticarum, ex edit. Holstenii.

352 Martene in Regulam S. Benedicti. *mar.*

353 Recueil de Bulles & Piéces concernant la Congreg. de S. Maur.

354 Corvini Jurisprudentia Romana. *Elzevir.*

355 Jurisprudence des Novelles, par de Ferriere. 2. *v.*

356 Edits & Reglemens des Eaux & Forêts, par Rousseau.

357 Ordonnances Civile, Crimin. du Commerce, & des Aydes. 4. *v.*

358 Conférences de Bornier. 2. *v.*

359 Les mêmes, nouv. édit. *Par.* 1729. 2. *v.*

360 Ordonn. des Aydes & Gabelles, *avec des Notes MSS.*

361 La même; avec la Conférence de Jacquin. *mar.*

362 Recueil des Tarifs des Droits d'Aydes. *Par.* 1724.

363 Tarif général des Droits de Sorties & Entrées. *Par.* 1715. *mar.*

364 Recueil d'Edits & Arrêts concernant les Gabelles. *Par.* 1724. 5. *v.*

365 Recueil de Reglemens sur le Tabac. *Par.* 1730.

366 Tables des Réglemens concernant les Fermes, depuis 1687. jusqu'en 1725. 6. *v.*

367 Bail de Carlier. *du Louvre* 1728. *mar.*

397 Rat fur la même Cout.
398 Barraud fur la même Cout.
399 Lelet fur la même Cout.
400 Le Prouft fur la Cout. de Loudunois.
401 Bafmaifon fur la Cout. d'Auvergne.
402 Aymon, Beffian & Durand, fur la même C.
403 Callæus in Confuetud. Marchiæ.
404 Gandillaud fur la Cout. d'Angoumois.
405 Bechet fur l'Ufance de Saintonge.
406 Galland du Franc-Alleu.
407 François fur la Cout. de Tholofe.
408 Automne fur la Cout. de Bourdeaux.
409 Statuts & Cout. de Bragerac.
410 Statuta Delphinalia.
411 Morgues fur les Statuts de Provence.
412 Statuts de la Comté de Venaifcin.
413 Coutumes de Lorraine.
414 Coutumes de Lille.
415 Arrêts de Papon.
416 Arrêts de Robert.
417 Remontrances & Arrêts de Nefmond.
418 Journal du Palais. 10. *tom. en* 9. *v.*
419 Arrêts de Bretagne, de Frain & Hevin. 2. *v.*
420 Arrêts de Cambolas.
421 Œuvres de Lefchaffier.
422 Opufcules de Loifel.
423 Plaidoyez d'Expilly.
424 Plaidoyez de Gaultier. 2. *v.*
425 Plaidoyez de Patru.
426 Plaidoyez en la caufe du Gueux de Vernon.
427 Plaidoyez de Corberon & de Sainte-Marthe.
428 Procez Civil & Crimin. par le Brun.
429 Bouchel de la Juftice Crimin. de France.
430 Praticien de Lange. *Par.* 1697.
431 Stiles civil & criminel de Gauret. 2. *v.*
432 Stile des Chancelleries, par du Sault.
433 Recueil concernant les Huiffiers de la Chanc.

C

434 Actes & Mém. concernant la Principauté de Neuchatel.

SCIENCES & ARTS,

in quarto.

435 Defcartes Principes de Philofophie.
436 Cally Philofophia. 2. *v. mar.*
437 Elemens de la Politique, trad. d'Hobbes.
438 Réflexions politiq. de Gracian , trad. *Paris,* 1730.
439 Delrio Difquifitiones Magicæ.
440 Schotti Phyfica curiofa. *Herbipoli* 1667. 2. *v. fig.*
441 Effai des Merveilles de Nature, par François.
442 Maifon Ruftique. *Par.* 1736. 2. *v. fig.*
443 Difcours de M. Coypel fur la Peinture. *Par.* 1721.
444 Payfages de Velde. *obl.*
445 Art de convertir le Fer forgé en Acier , &c. par M. de Reaumur. *Par.* 1722. *fig.*
446 Parfait Maréchal de Solleyfel. *fig.*

BELLES LETTRES,

in quarto.

447 Dictionnaire Lat. Fr. de Monet.
448 Tachard Dictionarium Latino-Gallicum.
449 Danetii Diction. Latino-Gallic.
450 Dictionn. Fr. & Lat. de Danet.
451 Le Brun Apparatus Virgilii Poëticus.
452 Vanierii Dictionarium poëticum.
453 Diction. Fr. Lat. de Joubert.
454 Diction. Fr. de Richelet. *Gen.* 1680. 2. *v.*
455 Diction. de Furetiere. 3. *v.*

456 Diction Ital. de Veneroni.
457 Guil. Tardivi Rhetoricæ Artis Conmpendium. *Edition antérieure à* 1500 . . . . . . Solinus de fitu Orbis ac Mundi Mirabilibus. *Edition antérieure à* 1500.
458 Ciceronis opera. *Genevæ* 1660.
459 Ciceronis Orationes, ad ufum Delphini. 3. *v.*
460 Callimachus Gr. Lat. Annæ Fabræ.
461 Terentius, ad ufum Delphini.
462 Virgilius, ad ufum Delphini. *Par.* 1682.
463 Eneïde di Virgilio, d'Annibal Caro. *Venet.* 1581. *fig.*
464 Phædrus, ad ufum Delphini.
465 Œuvres de Boileau. *Par.* 1674. *mar.*
466 Les mêmes. *Par.* 1713. *fig. gr. p.*
467 Recueil de Ballets du Roi. *mar.*
468 Obros de Goudelin.
469 Arefta Amorum. *Apud. Gryp.* 1533.

HISTOIRE,

in quarto.

470 Brietii Parallela Geographiæ. 3. *v.*
471 Voyages de Monconys. 3. *v. fig.*
472 Voyage d'Efpagne. *gr. pap.*
473 Voyage d'Olearius en Mofcovie, &c. 2. *v.*
474 Voyage d'Herbert en Perfe & aux Indes.
475 Ambaffade de Figueroa en Perfe.
476 Voyage du Levant.
477 Voyage de Siam, de Choify.
478 Antiquité des Temps rétablie, par Pezron.
479 Hiftoire de l'Eglife ; trad. par Coufin. 4. *v.*
480 Hiftoire Eccléfiaft. de Fleury. 36. *v.*
481 Hiftoire Eccl. d'Abbeville, (par Sanfon.)
482 Annales Eccl. de Noyon, par le Vaffeur.

483 Histoire des Evêques du Mans , par le Cor-
vaisier.

484 Les Evêques de Poitiers , par Besly.

485 Vies des Papes, de Platine, en Italien.

486 Histoire des Cardinaux illustres, par du Ver-
dier.

487 Eloges des Cardinaux illustres , par Albi. *fig.*

488 Vie du Cardinal Commendon , traduite par
Flechier.

489 Vie du Cardinal Bellarmin , par Frizon. *Nan-
cy* 1708.

490 Vie du Card. de Berulle , par Habert.

491 Hist. de l'Abbaye de S. Denis , par Doublet.

492 Hist. de l'Ordre des Chartreux , par Corbin.

493 Ruinart Acta primorum Martyrum. *mar.*

494 Gallonius de Cruciatibus Martyrum ; cum figu-
ris Tempestæ.

495 Vie de S. Jean Chrysostome , par Hermant.

496 Vie de S. Benoît, par Mége. *mar.*

497 Vie de S. François de Paule , par Hilarion
de Coste.

498 Vie de S. François de Borgia , par Verjus.

499 Vie de S. François de Sales.

500 Vie du B. Vincent de Paul , par Abelly.

501 Vie de D. Barthelemy des Martyrs.

502 Vie du B. Regis , par Daubenton.

503 Vie du P. Coton , par le P. d'Orleans.

504 Vie de Ste Therese, par de Villefore.

505 Roma Sotterranea , di Bosio. *Roma* 1650. *fig.*

506 Les Histoires de Maimbourg. 12. *v.*

507 Histoire de l'Arianisme. 2. *v. séparément.*

508 Vaillant Hist. Regum Syriæ , per Numismata.
fig.

509 Q. Curtius , ad usum Delphini.

510 Cornelius Nepos , ad usum Delphini.

511 Titus-Livius , ad usum Delphini. 5. *v.*

512 Julius-Cæsar , ad usum Delphini.

513 Tacite d'Amelot de la Houffaie.

514 Velleius Paterculus, ad ufum Delphini.

515 Hift. d'Italia, di Guicciardini.

516 Venetia di Sanfovino. *Venet.* 1663.

517 Poggii Hiftoria Florentina, ex edit. Recanati. *Venet.* 1715.

518 Limnæi Notitia Regni Franciæ. 2. *v.*

519 Hiftoire des Rois de France, par Aubert.

520 Abrégé de Mezeray, avec la Suite de Limiers. *Amfterd.* (*Par.*) 1740. 4. *v.*

521 Vie de S. Louis, par de Vernon.

522 Hiftoire de S. Louis, par de la Chaife. 2. *v.*

523 Hiftoire de Charles VI. par Juvenal des Ur-fins.

524 Œuvres d'Alain Chartier , publiées par du Chefne.

525 Hiftoire de Louis XII. par Seyffel & d'Au-ton.

526 Le Parlement de la Ligue.

527 Vie de Phil. de Mornay. *Elzevir.*

528 Priolus de Rebus Gallicis, ab exc. Lud. XIII.

529 Labardæus de Rebus Gallicis, fub Lud. XIV.

530 Journal du Parlement en 1648.

531 Hiftoire du Tems en 1747. & 48.

532 Antiquités de Paris, par du Breul. *Par.* 1639.

533 Hiftoire de Melun, par Roulliard.

534 Hiftoire de Coucy, par du Pleffis.

535 Hemeræi Augufta Viromanduorum.

536 Hiftoire d'Evreux, par le Braffeur.

537 Hiftoire de Nivernois, par Coquille.

538 Mémoires d'Autun, par Munier.

539 Chronique Bourdeloife, par de Lurbe.

540 Eloges des Dauphins de Viennois , par Hila-rion de Cofte.

541 Recueil de Mémoires , commençant à l'Arrêt contre Jacq. Cueur.

542 Bulteau de la Préféance des Rois de France fur ceux d'Efpagne.

543 Recueil des Etats-Généraux de France. 2. *v.*

544 Hiſtoire de l'Empire, par Heiſs. 2. *v.*

545 Hiſtoire & Politique de la Maiſon d'Autriche, par de Montandré.

546 Hiſtoire des Ducs de la Baſſe Lorraine, par le même.

547 Voſſii Annales Hollandiæ & Zelandiæ.

548 Vita di Filippo II. da Leti. 2. *v.*

549 Hiſtoire de Scanderberg, par de Lavardin.

550 Hiſtoire des Indes Orientales, par Souchu de Rennefort.

551 Théatre de l'Idolatrie, ou Mœurs des Bramines du Chormandel, trad. de l'Anglois. *fig.*

552 Hiſtoire de la Chine, de Semedo.

553 Hiſtoire de l'Iſle de Madagaſcar, par de Flacourt.

554 Hiſtoire des Antilles, par du Tertre. 4. *vol. fig. de le Clerc.*

555 Traités de Laval, contenant l'Hiſtoire de la Maiſon de Bourbon.

556 Hiſtoire des Ducs de Bourgogne, par du Cheſne. 2. *v.*

557 Hiſtoire de la Maiſon de Luxembourg, par Pavillon.

558 Palais de l'Honneur, ou Généalogies des illuſtres Maiſons, par Anſelme. *fig.*

559 La Toſcane Françoiſe, par l'Hermite Triſtan.

560 Hiſtoire de la Maiſon des Briçonnets, par Bretoneau.

560* Hiſtoire des Seigneurs d'Enghien, par Colins.

561 Guichard des Funerailles des Romains, Grecs, &c.

562 Spondani Cœmeteria ſacra.

563 Panciroli Res memorabiles deperditæ & recens inventæ.

564 Académie des Sciences, année 1721.

565 Pitſeus de Scriptoribus Angliæ.

566 Bibliotheca Cordefiana, (nunc Collegii
   Mazarin.)
567 Philoſtrate de la Vie d'Apollone de Thyane.
568 Boivin Vitæ Cl. Peleterii, & Petri Pithœi.
569 Recueil des Traités de Paix. *Leonard.* 7. *v.*
570 Dictionnaire Hiſtorique de Juigné.

THEOLOGIE,

in octavo, in douze, &c.

571 Bible Lat. Fr. avec le Comment. de Saci. 27. *vol. in* 12. *& in* 8. *manquent le tome* 2e. *des Rois, le* 3e. *tome des Pseaumes, & le Nouveau Testament entier, hors les Evangiles.*

572 Bible Lat. Fr. de Saci. *Par.* 16. *tom. en* 22. *v. in* 12.

573 Explication littérale de S. Paul aux Romains & aux Hébreux. 2. *v. in* 8.

574 Pseautier Latin. *in* 12.

575 Pseautier Latin. *Cologne. in* 24.

576 Pseautier Lat. Franç. selon l'Hébreu. *Le Petit. in* 12.

577 Pseautier Lat. Fr. selon l'Hébreu. *in* 12.

578 Pseautier Lat. Fr. avec les Notes de S. Augustin. *in* 12.

579 Pseautier Lat. Fr. de Macé. *in* 12.

580 Psalmi & Libri Salomonis, cum notis D. Bossuet. 2. *v. in* 8.

581 Pseautier Franç. distribué. *in* 12. *mar.*

582 Manuel du Chrétien, contenant les Pseaumes, le Nouveau Testament & l'Imitation, en François. *Col.* 1740. *in* 24.

583 Pseaumes en vers François, par Godeau. *in* 12.

584 Paraphrase des Pseaumes. 3. *v. in* 12.

585 Commentaire de Carrieres sur les Pseaumes. *in* 12. *mar.*

586 Pseaumes avec des réfléxions. *Par.* 1700. 3. *v. in* 12.

587 Effusion de cœur sur les Pseaumes, par Dom Morel. 5. *v. in* 12.

588 Conseils de la Sagesse. 2. *v. in* 12.

589 Tobie, avec des notes, par le P. de la Neuville.
   in 12. *mar.*

590 N. Teſtamentum Gr. Leuſdeni. *Amſt.* 1701.
   in 24.

591 N. Teſt. Lat. *Rob. Steph.* 2. *v. in* 8.

592 Eraſmi Paraphraſis N. Teſt. 3. *v. in* 8.

593 N. Teſt. Gr. Lat. Fr. *Mons. in* 8.

594 N. Teſtament Franç. de Marolles. *in* 8.

595 N. Teſt. Franç. 1729. *in* 12.

596 N. Teſt. Fr. de Simon. 2. *v. in* 8.

597 Inſtruct. de Boſſuet ſur le N. Teſt. de Simon.
   in 12.

598 Analyſe de Mauduit ſur les Evang. les Act. des
   Ap. & S. Paul. 8. *v. in* 12.

599 Ouvrage des ſix jours, par du Guet. *in* 12.

600 Pſeaumes de du Guet. 7. *v. in* 12.

601 Paſſion de J. C. du même. 6. *v. in* 12.

602 Paſſion, J. Crucifié, du même. 2. *v. in* 12.

603 Médit. de Boſſuet ſur l'Evangile. 4. *v. in* 12.

604 Elévat. de Boſſuet ſur les Myſteres. 4. *v. in* 12.

605 Godeau ſur S. Paul, avec la Vie. 7. *v. in* 12.

606 Explic. de S. Paul aux Rom. 3. *v. in* 12.

607 Le Roux Concordia Evang. *in* 8.

608 Concorde des Evang. par le Roux. *in* 8.

609 Médit. de Feydeau ſur la Concorde. 2. *v.*
   in 12.

610 Médit. ſur la Concorde, (par le Gros.) 3. *v.*
   in 12.

611 Epitres & Evang. de Bonneval. *in* 12.

612 Epitres & Evang. avec des Réflex. *in* 12.

613 Epitres & Evang. avec des Réflex. 3. *v. in* 12.

614 Hiſt. de la Bible, par le Bret. *in* 8.

615 Hiſt. de la Bible, de Royaumont. *Le Petit.*
   in 12.

616 Vie de J. C. (par le Tourneux.) *in* 12.

617 Introduction à l'Ecriture Sainte, par Lamy.
   in 8. *fig.*

D

618 Martianay de la vérité de l'Ecriture. *in* 12.

619 Lettres fur le Livre des Regles pour l'intellig.
des Ecritures. *in* 12.

620 Differt. fur l'Arche de Noé, par le Pelletier.
in 12.

621 Paloris Manuale N. Teft. Gr. Lat. *Elzevir.*
1654. *in* 12.

622 Pontificale Rom. *Par. in* 12. *rouge & noir.*

623 Breviaire Rom. Lat. Fr. (par le Tourneux.)
4. *v. in* 8. *mar.*

624 L'Année Chrét. *Par.* 13. *v. in* 12.

625 Breviarium Parif D de Noailles. 2. *v. in* 8.

626 Diurnale Parif. D. de Noailles. *in* 24. *mar.*

627 Miffel de Paris Lat. de M. de Noailles. 3. *v.*
in 12.

628 Miffel de Paris Lat. Fr. de M. de Noailles.
4. *v. in* 12. *mar.*

629 Office Divin Latin, de M. de Noailles. *in* 12.

630 Le même Lat. Fr. *in* 12. *mar.*

631 Office Paroiffial Lat. Fr. 2. *v. in* 12.

632 Le même Lat. Fr. 8. *v. in* 12. *mar.*

633 Heures de Noailles Lat. Fr. *in* 16. *mar.*

634 Breviarium Parif. D. de Vintimille. *Par.* 1736.
4. *v. in* 12. *mar.*

635 Diurnale Parif. D. de Vintimille. 2. *v. in* 16.
rouge & noir. mar.

636 Miffel de Paris Latin, de M. de Vintimille. 4.
v. in 12. *mar.*

637 Pfeautier Lat. diftribué. *in* 24.

638 Office de la Semaine fainte Lat. Fr. *in* 12. *mar.*

639 Le même Lat. Fr. *Par.* 1739. *in* 8. *mar.*

640 Le même Lat. ancien. *in* 8. *mar.*

641 Le même Lat. Fr. de P. R. *in* 8. *mar.*

642 Le même Lat. Fr. de P. R. *in* 12. *mar.*

643 Le même Lat. Franç. *in* 12.

644 Office de Noël Lat. Fr. *in* 12. *mar.*

645 Office de S. Gervais Lat. Fr. *in* 12.

646 Heures de la Chapelle du Roi. *in 24. mar.*

647 Saillii Thefaurus Precum. *in 8. fig. mar.*

648 Horftii Paradifus Animæ Chrift. *in 12. fig.*

649 Heures Lat. Fr. de P. R. *Le Petit. in 12. mar.*

650 Prieres & Inftruc. pour la Confrerie de l'Eglife des Quinze-Vingts. *in* 12.

651 Tableaux de la Paffion, pour la Meffe, *avec fig. in* 8.

652 Les anciennes Liturgies, (par Grancolas.) 3. *v. in* 8.

653 Maniere d'entendre la Meffe, (par le Tourneux.) *in* 12.

654 De la Meffe de Paroiffe, (par Floriot.) *in* 8.

655 Sermon de S. Chryfoftome fur S. Matthieu, trad. par de Marfilly. *Le Petit.* 3 *v. in* 8.

656 Sermons du même fur S. Paul aux Rom. trad. *in* 8.

657 Sermons du même au Peuple d'Antioche, trad. par Maucroix. *in* 8.

658 Regles de la Morale de S. Bafile, trad. *in* 12.

659 S. Auguftini Opufcula. 3. *v. in* 12.

660 Cité de Dieu de S. Auguftin, trad. par Giry. 2. *v. in* 8.

661 S. Auguftin de la Foy, Efper. & Charité, de la véritable Religion, & des mœurs de l'Eglife, trad. par Arnauld. 3. *v. in* 12.

662 S. Auguftini Confeffiones. *Antverp.* 1650. *in* 8.

663 Confeffione de S. Auguftin, trad. par Arnauld d'Andilly. *in* 12.

664 Les mêmes, trad. par du Bois. *in* 12.

665 S. Auguftini Meditationes, Soliloquia & Manuale. *in* 24.

666 Soliloques, Medit. & Manuel de S. Auguftin, trad. par du Bois. *in* 12. *mar.*

667 Explic. de l'Oraifon Dominic. tirée de S. Auguftin, *in* 12.

D ij

668 Explic. de Saint Auguſtin & des autres PP. Latins ſur le N. Teſt. 2. *v. in* 8.

669 Dialogues de S. Grégoire, trad. (par Bulteau.) *in* 12.

670 S. Paulini opera. *Antverp. in* 8.

671 S. Gregorii Turon. opera pia. 2. *v. in* 12.

672 S. Damaſi opera. *in* 8.

673 Conférences & Inſtitutions de Caſſien, trad. par de Saligny. *Savreux.* 2. *v. in* 8.

674 Morale Chrét. de Jonas, trad. par Mege. *Savreux. in* 12.

675 Ouvrages de piété des Peres, trad. *Savreux. in* 12.

676 Morale chrét. tirée des Peres. 2. *v. in* 12.

677 Solitude chrét. tirée des Peres. *Savreux.* 3. *v. in* 12.

678 Polmani Breviarium Theologicum. *in* 8.

679 Traité de la Vérité. *Utrecht* 1731. *in* 12.

680 Tradition ſur la Grace, par Germain. 3. *v. in* 12.

681 Défenſe de l'Egliſe Rom. ſur la Grace. *in* 12.

682 Lettres de M. le P. de Conty ſur la Grace. *in* 12.

683 Juſtificat. des R. de P. R. contre l'Auteur de la Vie de la Mere Eugenie. *in* 12.

684 Lettres du P. Daniel au P. Alexandre, ſur la Grace. *in* 12.

686 Paganiſme du Roi-boit, par Deslyons. *in* 12.

687 Eſcobar Theologia Moralis. *in* 8.

688 Theol. Morale de Grenoble. *Par.* 1708. 8. *v. in* 12.

689 Conférences de Langres. 3. *v. in* 12.

690 Confer. de Perigueux. 3. *v. in* 12.

691 Diſcours & Médit. de Perigueux. 2. *v. in* 12.

692 Opinion de Bellarmin touchant l'intention du Miniſtre des Sacremens. *in* 12.

693 Compendium Thomæ Sanchez de Matrimonio. *in* 24.

694 Regle des Mœurs, (par Gerberon.) *in* 12.

695 De la Comédie, par M. le P. de Conty. *in* 12.

696 Differt. fur la condamnat. des Théatres. *in* 12.

697 Boffuet fur la Comédie. *in* 12.

698 Le Brun fur la Comédie. *in* 12.

699 S. Charles contré les Danfes & les Comédies, trad. *in* 12.

700 Hift. & abregé des Ouvrages pour & contre la Comédie & l'Opera. *in* 12.

701 De la pratique des Billets entre les Négocians. *Mons* 1684. *in* 12.

702 De la pratiq. des Billets. *in* 12.

703 Joly des Reftitutions des Grands. *in* 12.

704 Idée de la Converfion du Pécheur. 1732. *in* 12.

705 Explic. des Commandemens de Dieu. 2. *v. in* 12.

706 Falconi de la pratiq. de la freq. Communion. *in* 12.

707 Inftruct. fur les difpofitions à la Pénitence & l'Euchariftie. *in* 12.

707* Inftructions de S. Charles Borromée aux Confeffeurs ; avec la Lettres du Clergé de France. *in* 12.

708 Méthode de Louis de Grenade pour la Confeffion & Communion, trad. par Girard. *in* 12.

709 Méthode de S. François de Sales. *in* 18. *mar.*

710 Conduite pour la Confeffion & Communion. *in* 12.

711 Conduite de M. de Noailles pour la Confeffion & Communion. *in* 16.

712 Inftruct. fur le Manuel, par Beuvelet. *in* 12.

713 Conduite pour les exercices des Séminaires ; par le même. *in* 12.

714 Confer. de du Vivier fur la Vie des Ecclefiaft. *in* 12.

715 Regles de Conduite pour les Curés, tirées de Saint Chryfoftome. *in* 8.

716 Somme des Péchez, par Bauny. *in* 8.

717 Réponfe du P. Daniel aux Provinciales. *in* 12.

718 Eplic. du Symbole, de l'Oraifon Dominic. & du Décalogue, (par de Barcos.) 2. *v. in* 8.

719 Catéchifme de Fleury. 2. *v. in* 12.

720 Catéchifme en vers,.par d'Heauville. *in* 12.

721 Catéchifme de Meaux, par Boffuet. *in* 12.

722 Catéchifme d'Agen, par Joly. *in* 12.

723 Catéchifme de Montpellier. 3. *v. in* 12.

724 L'Art de Prêcher. *in* 12.

725 Sermons du Carême, de Lingendes. 2. *v. in* 8.

726 Panégyriq. des Saints, par Senault. 3. *v. in* 8.

727 Confidérat. fur les Dimanches, les Myft. & les Fêtes, (par l'Abbé de S. Cyran.) *Savreux.* 2. *v. in* 8.

728 Sermons de le Febvre. 3. *v. in* 8.

729 Sermons de Biroat. 10. *v. in* 8.

730 Année Chrét. ou Réflexions pour les Dimanches & Fêtes. 3. *v. in* 12.

731 Homelies pour les Dimanches & Fêtes, (par Floriot.) 3. *v. in* 8.

732 Prônes de Joly. 8. *v. in* 12. & *in* 8.

733 Panégyriq. & Sermons de Lamont. 2. *v. in* 8.

734 Homelies fur les Command. de Dieu, par de S. Lazare. 2. *v. in* 12.

735 Sermons de Bertet pendant l'Octave du S. Sacrement. *in* 8.

736 Sermons du Carême. 3. *v. in* 12.

737 Panégyriques de Flechier. *in* 12.

738 Sermons de Bourdaloue. 14. *v. in* 8.

    Nota. *Les Myfteres & les Panégyriq. font in* 12. *de groffe Lettre.*

739 Penfées du même. 2. *v. in* 8.

740 Sermons & Penfées de Bourdaloue. 18. *v.* *in* 12.

741 Homelies de Montmorel. 10. *v. in* 12.

742 Sermons de l'Avent, de Girouft. 2. *v. in* 12.

743 Homelies fur S. Paul, par l'Abbé G. 2. *v. in* 12.

744 Conférences fur les Dimanches & Fêtes, par l'Abbé de la Trape. 4. *v. in* 12.

745 Inftructions du même. *in* 12.

746 Oraifons funeb. de Flechier. *in* 12.

747 Sermons du Carême, de Boileau. 2. *v. in* 12.

748 Sermons du P. de la Rue. 4. *v. in* 12.

749 Panegyr. & Oraifons Funeb. d'Anfelme. *in* 12.

750 Sermons de Maffillon. 4. *v. in* 12.

751 Les mêmes. 6. *v. in* 12.

752 Les mêmes: derniére édition. 14. *v. in* 12. *pap. fin.*

753 Sermons du P. de la Boiffiere. 6. *v. in* 12.

754 Inftructions fur les Epîtres & Evangiles de l'année, des Evêques de Chalons. *in* 12.

755 Semaines Evangéliques, (par l'Abbé Debonnaire.) 2. *v. in* 12. *br.*

756 Imitation, traduite par de Beuil. *Savreux. in* 12.

757 La même, traduite par de Choify. *in* 12.

758 La même, traduite par de Marfilly. *in* 12. *mar.*

759 Soliloques de Gerlac, trad. *Savreux. in* 12.

760 Combat Spirituel, trad. *Le Petit. in* 12.

761 Le même, trad. en vers par Defmarefts. *in* 12.

762 Lettre de J. C. à l'Ame dévote, traduite de Lanfpergius. *in* 12.

763 Œuvres de Louis de Grenade, traduites par Girard. *Le Petit.* 10. *v. in* 8.

764 Epîtres fpirit. de S. François de Sales. *in* 8.

765 Réfléxions, Sentences & Maximes du même. *in* 12.

766 Lettres & Difcours du P. de Condren. *in* 12.

767 Lettres fpirituelles de l'Abbé de S. Cyran. 2. *v. in* 8.

768 Dévotion aifée, par le P. le Moyne. *in* 8.

769 Entretiens de l'Abbé Jean, par du Suel. *in* 8.

770 Engelgrave Lux Evangelica, feu Emblemata facra. 2. *v. in* 8. *fig.*

771 Hugonis pia Defideria. *in* 12. *fig.*

772 Maximes fpirituelles de Guilloré. 2. *v. in* 12.

773 Tableaux de la Pénitence, par Godeau. *in* 12. *figures.*

774 Traités de Piété du P. Rapin, l'Efprit du Chriftianifme, &c. *in* 12.

775 Effais de Morale, Inftruƈtions, & Priére, de Nicole. *La Haye.* 23. *v. in* 12.

776 Des mêmes Effais de Morale, les 4. premiers tomes. *Paris. in* 12.

777 Des mêmes, les 9. premiers volumes. *Paris. in* 12.

778 Les mêmes. *Par.* 10. *v. in* 12. *manq.* lès 6. 7. & 8e.

779 Les mêmes. *tom.* 2. & 4e. 2. *v. in* 12.

780 Inftruƈtions fur les Sacremens, du même. 2. *v. in* 12.

781 Traitez de Piété, par Hamon. 3. *v. in* 12.

782 Lettres & Opufcules du même. 2. *v. in* 12.

783 Ouvrages de Piété, de du Jarry. *in* 12.

784 Du Guet de la Priére publiq. *in* 12. *mar.*

785 Conduite d'une Dame Chrétienne, par le même. *in* 12.

786 Traité des Scrupules, par lé même. *in* 12.

787 Lettres de Piété, du même. 6. *v. in* 12.

788 Réfutation des erreurs des Quiétiftes, (par Nicole.) *in* 12.

789 Ecrits de Boffuet fur les états d'Oraifon & contre le Quiétifme. 3. *v. in* 8.

790 Le vrai Devot en tous états. *in* 8.

791 Caraƈtéres tirés de l'Ecriture, & appliqués aux mœurs de ce fiécle. *in* 12.

792 Conduite de la Vie Chrétienne, par de Saint-Jure. *in* 12.

793 Conduite Chrétienne, par l'Abbé de la Trape.
   in 12.

794 Régles de la vie Chrét. trad. du Cardinal Bona,
   par Cousin. *in* 12.

795 Régles de la vie Chrétienne, (par le Tour-
   neux.) *in* 12.

796 Journée Chrétienne, pour tous les états. *in* 12.

797 Devoir des Meres avant & après la naissance
   des Enfans. *in* 12.

798 Avis pour l'inſtitution des Enfans, par Joly.
   in 12.

799 Inſtruct. de la Jeuneſſe, par Gobinet. *in* 12.

800 Education des Filles, par de Fenelon. *in* 12.

801 Education Chrétienne des Filles. *in* 12.

802 Régles pour vivre ſaintement dans le Mariage.
   in 12.

803 Inſtructions ſur le Mariage, & l'éducation des
   Enfans. *in* 12.

804 Vie des Gens mariez, par de Villethierry.
   in 12.

805 Obligations des Eccléſiaſtiques. *in* 12.

806 Chenart des Obligations de la Vie Eccléſiaſti-
   que. *in* 12.

807 Devoir des Evêques, trad. de Louis de Gre-
   nade. *in* 12.

808 Image d'une Religieuſe parfaite. *in* 12.

809 Sentimens propres aux Malades & Infirmes.
   in 12.

810 Conſidérat. Chrét. ſur la Mort. *in* 12.

811 Les ſaints Deſirs de la Mort, le Teſtament
   ſpirituel, & la Mort des Juſtes, par Lallemant.
   in 12.

812 Bonheur de la Mort Chrétienne, (par Queſ-
   nel.) *in* 12.

813 Penſées édifiantes ſur la Mort. *in* 12.

814 Pratique de piété pour honorer le S. Sacrem.
   (par Richard, Curé de Triel.) *in* 8.

E

815 Agneau Paſcal, (par le même.) *in* 8.

816 Inſtruct. ſur les huit Béatitudes. *in* 12.

817 Priére ou Pſeaume ſur l'Eſpérance en Jeſus-Chriſt. *in* 12.

818 Directeur des Ames Chrétiennes. *in* 12.

819 Directeur ſpirituel-pour ceux qui n'en ont point, (par Treuvé.) *in* 12.

820 Priéres Chrétiennes, ou Méditations ſur les Myſtéres. *in* 12.

821 Sentimens d'une Ame pénitente ſur le Miſerere, &c. *in* 16. *fig.*

822 Elevation ſur la Paſſion, (par Queſnel.) *in* 16.

823 Priéres formées ſur ce qu'il y a de moral dans la Bible. *in* 12.

824 Méditat. ſur le S. Sacrement. *in* 18.

825 Grotius de veritate Religionis Chriſt. *Elzevir.* 1675. *in* 12.

826 Vérité de la Religion Chrétienne, traduit de Grotius. *le Petit. in* 12.

827 Penſées de Paſcal. *in* 12.

828 Vérité de la Religion Chrétienne, par Abbadie? 3. *v. in* 12.

829 Lettres ſur le Livre de l'Abbé Houtteville, de la Religion prouvée par les faits. 2. *v. in* 12.

830 Traité de Religion contre les Athées, Deïſtes, & Pyrrhoniens, (par Bern. Lamy.) *in* 12.

831 L'Athée convaincu, en quatre Sermons de Fred. Spanheim. *Leide* 1676. *in* 8.

832 Principes de la Foy Chrétienne, (par du Guet.) 3. *v. in* 12.

833 Réfléxions ſur les différends de la Religion, (par Pelliſſon.) 3. *v. in* 12.

834 Expoſition de la Doctrine Catholique ſur les matiéres de Controverſe, par Boſſuet. *in* 12.

835 Réponſe au Livre précedent. *in* 12.

836 Traités de Controverſe, de Maimbourg. *in* 12.

837 Mémoires touchant la Religion, par M. de

Choiseul, Evêque de Tournay. 2. *v. in* 12.

838 Vérité de la Religion Catholique, par des Maihis. 2. *tom. en* 1. *v. in* 12.

839 La véritable Croyance de l'Eglise Catholique, (par Gould.) *in* 12. *mar.*

840 Conformité de la Créance de l'Eglise Catholique avec celle de l'Eglise primitive, par de Flamare. 2. *v. in* 12. *mar.*

841 Le Calvinisme convaincu de nouveau, ou justification du Livre du *Renversement de la Morale*, publié par Arnauld. *in* 12.

842 Préjugés légitimes contre les Calvinistes, (par Nicole.) *in* 12.

843 Réponse aux plaintes des Protestans, où l'on refute la *Politique du Clergé ;* par Brueys. *in* 12.

844 De Sainte-Marthe de la Confession, contre Daillé. *in* 12.

845 La perpétuité de la Foy touchant l'Eucharistie, (par Nicole.) *in* 12.

846 Réponse au Livre précedent, par Claude. *in* 8.

847 Lettre d'un Ecclésiastique sur la Réponse précedente. *in* 12.

848 Réponse générale à M. Claude, (par Nicole.) *in* 12.

849 Præadamitæ, (auctore Isaaco la Peyrere.) *in* 12.

850 Hilpertus de Præadamitis. *in* 12.

JURISPRUDENCE,

in octavo, in douze, &c.

851 Carranzæ Summa Conciliorum. *in* 8.

852 Richerii Hist. Conciliorum generalium. 3. *v. in* 8.

853 Concilium Tridentinum. *in* 12.

854 Mémoires de Vargas fur le Concile de Trente, trad. par le Vaffor. 2. *v. in* 12.

855 Revifion du Concile de Trente. *in* 8.

856 Synodicon Parifienfe. *in* 8.

857 Ordonn. Synod. de M. le Camus, Evêque de Grenoble. *in* 12.

858 Hiftoire du Droit Canonique, par Doujat. *in* 12. *mar.*

859 Inftitut. au Droit Eccléfiaftique, par Fleury. 2. *v. in* 12.

860 Recueil concernant les Cenfures fur la Hiérarchie, &c. *in* 12.

861 Hiftoire des Revenus Eccléfiaftiq. par Acofta (Ric. Simon.) *in* 12.

862 Hiftoire du Droit Public Eccléfiaftiq. François. *Lond.* 1737. 2. *v. in* 8.

863 Doujatii Specimen Juris Ecclefiaft. apud Gallos ufu recepti. 2. *v. in* 12.

864 Autorité des Rois touchaut l'adminiftration de l'Eglife, par Talon, (ou plutôt le Vayer Boutigny.) *in* 12.

865 Milletot du Delit commun & Cas privilégié. *in* 8.

866 Régles de la Difcipline Ecclefiaftique. *in* 12.

867 Traité des Difpenfes. *in* 12.

868 Des Offices Eccléfiaftiques, par Borjon. *in* 12.

869 Le Droit des Evêques pour la nomination de deux Chanoines Commenfaux, par le Maire. *in* 8.

870 Notes fur les Indults, par Pinffon. 2. *v. in* 12.

871 Maximes du Droit Canon. de France, par du Bois & Simon. 2. *v. in* 12.

872 L'Efprit de Gerfon, (par le Noble.) *in* 12.

873 L'Evêque de Cour, ou Entretiens fur l'Ordonnance de M. d'Amiens. *in* 12.

874 Eclairciffemens du Droit de l'Eglife de Paris fur Pontoife, par Deflions. *in* 8.

875 Recueil des Bénéfices de France, par le Pelletier. *in* 12.

876 Inſtructions pour obtenir en Cour de Rome les expéditions de Bénéfices, Diſpenſes, &c. par le même. *in* 12.

877 Régle de S. Benoiſt, trad. par l'Abbé de la Trape. *in* 12.

878 Diſſert. ſur l'hemine de Vin & la livre de Pain de S. Benoiſt, (par Lancelot.) *in* 12.

879 Réglemens de l'Abbaye de la Trape. *in* 12.

880 Arrêt du Parlement de Bordeaux concernant les Jeſuites congédiés. *in* 12.

881 Eclairciſſemens ſur les Devoirs Monaſtiques, par l'Abbé de la Trape. *in* 12.

882 Thiers de la Clôture des Religieuſes. *in* 12.

883 Corpus Juris Civilis. *Elzevir.* 1664. *in* 8.

884 Idem. *Amſt.* 1681. 2. *v. in* 8.

885 Juſtiniani Inſtitutiones. *Elzevir. in* 24. *rouge & noir.*

886 Eædem, cum additionibus. *Amſt. in* 12.

887 Perezius in Inſtitutiones. *in* 12.

888 Inſtitutes du Droit François, par de Ferriere. 2. *v. in* 12.

889 Inſtitution au Droit François, par Argou. 2. *v. in* 12.

890 Recueil d'Edits & Réglemens ſur les Mariages. *in* 8.

891 Codes Civil, Committimus, Criminel, Marchand, Eaux & Foreſts, Marine, Aydes & Gabelles, & Fermes. 7. *v. in* 24.

892 Ordonnances de Louis XV. *in* 24.

893 Nouveau Code des Tailles & du Tabac. *Par.* 1740. 2. *v. in* 12.

894 Tarifs & Réglemens des Entrées & Sorties. *in* 24.

895 Recueil des Tarifs des Droits d'Entrées & Sorties. *Roüen* 1725. *in* 12.

896 Traité de la Chambre des Comptes, par de Beaune. *in 8.*

897 Priviléges des Sécrétaires du Roy. *in 12. mar.*

898 Tarif de la taxe des Lettres de la Chancellerie. *MS. in 8. mar.*

899 Priviléges des Arbaleſtriers de la Cinquantaine de Roüen. *in 8.*

900 Inſtitutes Coutum. de Loiſel, avec des notes, par de Lauriere. 2. *v. in 12.*

901 Coutume de Paris, avec les notes de Tournet. *in 12.*

902 La même, avec des notes, par de Lauriere. *in 12.*

903 La même, avec des notes, par Maſſon. *in 12.*

904 Champy ſur la Cout. de Meaux. *in 12.*

905 De Salligny ſur la Cout. de Vitry. *in 12.*

906 Le Caron ſur la Cout. de Peronne. *in 8.*

907 Ricard ſur la Cout. d'Amiens. *in 12.*

908 Cout. & Ordonn. d'Artois. *in 12.*

909 De la Fons ſur la Cout. de Vermandois. *in 12.*

910 Bodreau ſur la Cout. du Maine. 2. *v. in 12.*

911 Differt. ſur le relief des Fiefs en Normandie, par de Jort. *in 12.*

912 Everard des Mariages avenans dans la Cout. de Normandie. *in 12.*

913 Couart ſur la Cout. de Chartres. *in 8.*

914 Mauduit ſur la Cout. de Berry. *in 8.*

915 Obſervat. néceſſaires ſur la même Coutume. *in 12.*

916 Coutumes de Metz & Pays Meſſin, de Thionville, & de Marſal. 3. *v. in 12.*

917 Traitez des Monnoyes, par Poullain. *in 12. mar.*

918 Boizard des Monnoyes. *Par.* 1711. *in 12.*

919 Mém. concernant le Controlle des Rentes, par le Roy. *in 12. mar.*

920 Baſnage des Hypothéques, *in 12.*

921 L'Art des Lettres de Change, par du Puys. *in* 8.

922 Mémorial alphabetique concernant la Juftice, la Police, & les Finances, par Bellet Verriere. *in* 8.

923 Mémorial pour les Gabelles & les Fermes, par le même. *in* 8.

924 Bureaux des Fermes-Unies. 1718. *in* 12. *mar.*

925 Inftruct. & ordre de travail pour la partie du Tabac. 1731. *in* 12.

926 Introd. à la Pratique, par de Ferriere. *in* 12.

SCIENCES ET ARTS,

in octavo, in douze, &c.

927 Principes; Méthode, Dioptrique, Metéores, Mécanique & Mufique; Méditat. de Defcartes. 5. *v. in* 12.

928 Nouveau Syftême de Philofophie, par M. Lavocat, Doyen de la Chambre des Comptes. 2. *v. in* 12.

929 Logique, ou l'Art de penfer, (par Nicole.) *in* 12.

930 Boëtius de confolatione Philofophiæ, cum notis. *in* 8.

931 Lamy Bened. de la Connoiffance de foi-même. 6. *v. in* 12.

932 Recherche de la vie heureufe, (par M. Lavocat.) *in* 12. *mar.*

933 Réfléxions morales, (de M. de la Rochefoucault.) *in* 12.

934 L'Homme univerfel, & le Heros, trad. de Gracian par de Courbeville. 2. *v. in* 8.

935 Le Courtifan défabufé. *in* 12.

936 Teftament ou Confeils d'un Pere à fes Enfans, par de la Hoguette. *in* 12.

937 Traité de Morale fur la Valeur. *in* 12.

938 Courtin de la Jaloufie. *in* 12.

939 Courtin de la Pareffe. *in* 12.

940 Courtin de la Civilité. *in* 12.

941 Courtin du Point-d'Honneur. *in* 12.

942 Fondemens de la Politique, d'Hobbes, trad. par Sorbiere. *in* 8.

943 Du Gouvernement Civil, felon les principes de M. de Fenelon. *in* 12.

944 Intérêts & Maximes des Princes, (par le Duc de Rohan.) 2. *v. in* 12.

945 Nouveaux Intérêts des Princes, (par de Courtilz.) *in* 12.

946 Tréfor du Commerce, trad. de l'Anglois de Thom. Mun. *in* 12.

947 Pomponatius de Immort. Animæ. *in* 12.

948 Entretiens Phyfiques, par Regnault. 3. *v. in* 12. *fig.*

948 * De l'égalité des deux Sexes. *in* 12.

949 De la Chambre de la connoiffance des Animaux. *in* 12.

950 Spectacle de la Nature, (par M. Pluche.) tom. 1. 3. & 4. *in* 12. 3. *v. fig.*

951 Hift. du Ciel, par le même. 2. *v. in* 12. *fig.*

952 Perrault de l'origine des Fontaines. *in* 12.

953 Gouttard des Eaux Minerales d'Abbecourt. *in* 12.

954 Mem. pour l'Hift. des Polypes d'Eau douce, à bras en forme de cornes, par M. Trembley. *Par.* 1744. 2. *v. in* 8. *fig. br.*

955 Hift. naturelle du Polype Infecte, trad. de l'Anglois de Baker, par M. Demours. *Par.* 1744. *in* 8. *fig. br.*

956 Catalogue raifonné de Coquilles & autres Curiofités naturelles, par M. Gerfaint. *in* 12. *br.*

957 Hippocrate, trad. par Dacier. 2. *v. in* 12.

958 Elémens de Médecine, de Bontekoe, trad. par de Vaux. 2. *v. in* 12.

959 Schola Salernitana, cum notis Ren. Moreau. *in* 8.

960 Régime du Carême, par Andry. *in* 12.

961 Hecquet des Difpenfes du Carême. 2. *v. in* 12.

962 De Blegny du bon ufage du Thé, du Caffé & du Chocolat. *in* 12. *fig.*

963 Nouvelles Découveres fur les parties principales de l'Homme & de la Femme, par Barles. 2. *v. in* 12. *fig.*

964 Idée de l'Œconomie animale, & obfervat. fur la petite Vérole, par M. Helvetius. *in* 8.

965 Lettre de M. Beffe fur le Livre précédent. *in* 12.

966 Hecquet de la Digeftion & des Maladies de l'Eftomach. *in* 12.

967 Pratique de Médecine d'Ettmuller fur les Maladies, trad. *in* 8.

968 Médecin & Chirurgien des Pauvres, (par Dubé.) *in* 12.

969 Helvetius des Maladies & de leurs Remedes. *in* 12.

970 Hecquet de la Pefte. *in* 12.

971 Relation de la Pefte des Orientaux, par Gaudereau. *in* 12.

972 Silva des Saignées. 2. *v. in* 8.

973 Boirel des Playes de Tefte. *in* 12.

974 Guérifon du Cancer au Sein, par de Houppeville. *in* 12.

975 Brigandage de la Médecine, par Hecquet. *in* 12. *br.*

976 Bartholini Anatomia. *Hagæcom.* 1663. *in* 8. *fig.*

977 Anatomie & Remedes, par de Saint-Hilaire. 2. *v. in* 8. *fig.*

F

978 Anatomie de Dionis. *Par.* 1694. *in 8. fig.*

979 Anatomie d'Heifter, trad. par M. Senac. *in 8. fig.*

980 Chimie de Lemery. *in 8. fig.*

981 Corn. Agrippæ operum pars pofterior. *Lugd.* 1600. *in 8. mar.*

982 Elémens des Mathématiq. par Lamy. *in 12.*

983 Arithmétiqne univerfelle, expliquée & appliquée. 2. *v. in 12.*

984 Arithmétique de Barreme. *in 12..*

985 Le fecond tome du grand Commerce, contenant les Changes d'Efpagne, par le même. *in 8. mar.*

986 De Blainville du Négoce de France, & du Jauge de la Marine. *in 12.*

987 Elémens d'Euclide, par Dechalles. *in 12.*

988 Elémens de Géométrie, de Lamy. *in 12.*

989 Trigonométrie d'Ozanam. *in 12.*

990 Boffe des Pratiques Géométrales & Perfpectives. *in 8. fig.*

991 Boffe Pratiq. de la Perfpective. *in 8. fig.*

992 Boffe des Cadrans au Soleil. *in 8. fig.*

993 Boffe de la coupe des Pierres. *in 8. fig.*

994 De Piles des Ouvrages des plus fameux Peintres, Cabinet de M. de Richelieu, & Vie de Rubens. *in 12.*

995 Architecture pratiq. de Bullet. *in 8. fig.*

996 Regle artificielle du Temps, par Sully. *in 8.*

997 Traité du Serin de Canarie, & autres Oifeaux de Voliere. *in 12.*

998 Hervieux des Serins de Canarie. *in 12.*

BELLES LETTRES,

in 8. *in* 12. *&c.*

999 Méthode Grecque de P. R. *in* 8.

1000 Racines Grecques de P. R. *in* 12.

1001 Schrevelii Lexicon Gr. Lat. *Par.* 1718. *in* 8

1002 Méthode Latine de P. R. *Le Petit. in* 8.

1003 La même. *Par.* 1736. *in* 8.

1004 Grammaire Franç. de M. Reftaut. *in* 12.

1005 Difcours fur l'Eloquence. *in* 12. *mar.*

1006 Quintilianus, editus à Car. Rollin. 2. *v. in* 12. *br.*

1007 Ciceronis opera. *Blaeu.* 1658. 10. *v in* 12.

1008 Ciceron de l'Orateur, trad. par Colin. *in* 12.

1009 Oraifons de Ciceron, trad. par de Villefore. 8. *v. in* 12.

1010 Oraifons choifies de Ciceron, Lat. Fr. 2. *v. in* 12.

1011 Ciceron des Offices, de la Vieilleffe, de l'A‑ mitié, &c. trad. par du Bois. 2. *v. in* 8.

1012 Tréfor des Harangues, par Gilbault. 2. *v. in* 12.

1013 Méthode d'étudier les Poëtes, par Thomaf‑ fin, 3. *v. in* 8.

1014 Du Poëme Epique, par le Boffu. *in* 12.

1015 Homere trad. par Mad. Dacier. 6. *v. in* 12.

1016 Apologie d'Homere, par Hardouin. *in* 12.

1017 Homere défendu contre l'Apologie précé‑ dente, par Mad. Dacier. *in* 12.

1018 Pindari & Lyricorum Carmina, Gr. Lat. *in* 24.

1019 Plautus Variorum. *in* 8.

1020 Terentius Variorum. *in* 8.

1021 Terence Lat. Fr. *in* 12.

F ij

1022 Catullus, Tibullus & Propertius, Scaligeri. *in* 8.

1023 Catulle, Tibulle & Properce, trad. par de Marolles. 2. *v. in* 8.

1024 Horatius Variorum. *in* 8.

1025 Horatius Juvencii. *in* 12.

1026 Horace, trad. par Tarteron. *in* 12.

1027 Le même. 2. *v. in* 12.

1028 Virgilius Ruæi. 4. *v. in* 12.

1029 Virgile, par de Martignac. 3. *v. in* 12.

1030 Ovide, trad. par de Marolles. 8. *v. in* 8.

1031 Perſius Bondi. *in* 12.

1032 Perſe & Juvenal, trad. par Tarteron. *in* 12.

1033 Juvenalis & Perſius Variorum. *in* 8.

1034 Juvenal & Perſe, trad. par Martignac. *in* 12.

1035 Juvenal & Perſe, trad. par Tarteron. *in* 12.

1036 Juvenal & Perſe, trad. par de la Valterie. 2. *v. in* 12.

1037 Phedre Lat. Fr. *in* 12.

1038 Lucanus Grotii & Farnabii. *in* 12.

1039 Martialis Variorum. *in* 8.

1040 Martialis Farnabii. *in* 12.

1041 Martialis Juvencii. 2. *v. in* 12.

1042 Martial trad. par de Marolles. 2. *v. in* 8.

1043 Claudianus. *Elzevir.* 1650. *in* 12.

1044 Auſonius. *Blaeu.* 1669. *in* 24.

1045 Epigrammatum Delectus. *in* 12.

1046 Card. Barberini Poëmata. *in* 12. *mar.*

1047 Menagii Poëmata. *in* 12.

1048 Rapini Horti. *in* 12.

1049 Ruæi Carmina. *in* 12.

1050 Vanierii Opuſcula. *in* 12.

1051 Poëſies Chrét. de Racan. *in* 8.

1052 Poëſies du Cheval. d'Aceilly. *in* 12.

1053 Poëſies de du Cerceau. *in* 8.

1054 Poëme ſur la Grace, par M. Racine. *in* 8. *br.*

1055 Œuvres de P. & T. Corneille. 10. *v. in* 12.
1056 Œuvres de Moliere. 8. *v. in* 12.
1057 Efther de Racine. *in* 12.
1058 Œuvres de Campiftron. *in* 12.
1059 Œuvres de M. de Crebillon. *in* 12.
1060 Il Dante. *Appreſſo Aldo. in* 8.
1061 Hiſt. du Théatre Ital. par M. Riccoboni. *in* 8.
1062 Théatre Italien. *Holl.* 3. *v. in* 12.
1063 Recueil des Opera. *Holl.* 5. *v. in* 12.
1064 Hiſtoire Poëtique, par Gautruche, augm. par
    Banier. *in* 12.
1065 Decamerone del Boccaccio. *Lond.* 1727. 2.
    v. in 12.
1066 Télemaque. 2. *v. in* 12.
1067 Télemaque en Italien. *in* 8.
1068 Telemacomanie, (par Faydit.) *in* 12.
1069 Don Quichotte en Eſpagnol. *Anvers* 1697.
    2. *v. in* 8. *fig.*
1070 Les Fées, Contes des Contes. *in* 12.
1071 Fleury de la Méthode & du choix des Etu-
    des. *in* 12.
1071* Petronius Variorum. *in* 8.
1072 Gobinet, de la maniere de bien étudier. *in* 12.
1072* Petronius Bourdelotii. *in* 12.
1073 Rollin des Etudes. 4. *v. in* 12.
1073 * Eraſmi Adagia & Apophtegmata. *Holl.*
    in 12. 2. *v.*
1074 Eraſmi Colloquia Variorum. *in* 8.
1075 Perroniana & Thuana. *in* 12.
1076 Œuvres de Théophile. *in* 12.
1077 Œuvres de Voiture. *in* 12.
1078 Opere di Machiavelli. *Haya* 1726. 4. *v.*
    in 12.
1079 Opere di Ferrante Pallavicino. 4. *v. in* 12.
1080 Dialogues d'Oratius Tubero, (de la Mothe
    le Vayer.) *in* 12.

1081 Entretiens d'Arifte & d'Eugene, par Bou-
hours. *in* 12.
1082 Sentimens de Cleante fur les Entret. d'Arifte,
(par Barbier Daucour.) 2 *v. in* 12.
1083 De la Délicateffe, (par l'Abbé de Villars.)
in 12.
1084 Plinii Epiftolæ. *Elzevir.* 1659. *in* 12.
1085 Lettres de Pline, trad. par de Sacy. 3. *v.*
in 12.
1086 Grotii Epiftolæ ad Gallos. *Elzevir. in* 12.
1087 Lettres de Patin. 3. *v. in* 12.
1088 Lettres du Card. Bentivoglio, en Ital. & en
Fr. *Lyon* 1730. *in* 12.

HISTOIRE,

in 8. *in* 12. *&c.*

1089 Introd. à la Geographie, par Sanfon. *in* 12.
1090 Geographie de Robbe. 2. *v. in* 12.
1091 Méthode de Geographie, par le François.
in 12.
1092 Geographie de l'Abbé Lenglet. 4. *v. in* 12.
1093 Geographie de Noblot. 6. *v. in* 12. *fig.*
1094 Dictionnaire Geographique. *in* 12.
1095 Voyage de France & d'Italie. *in* 8.
1096 Voyage d'Italie, Dalmatie, Grece & Levant,
par Spon. 3. *v. in* 12. *fig.*
1097 Voyage d'Italie, par Miffon. 3. *v. in* 12. *fig.*
1098 Voyages de Conftantinople & de Maroc, par
les PP. Mathurins. 2. *v. in* 12.
1099 Petavii Rationarium Temporum. *in* 12.
1100 Pratiq. de la Mémoire artificielle, par Buffier.
4. *v. in* 12.
1101 Elémens de l'Hiftoire, par de Vallemont. 2.
v. in 12.

1102 Hiftoire univerf. par Boffuet. 2. *v. in* 12.

1103 Hiftoire chronol. des Papes, Emper. & Rois. *in* 12.

1104 Ceremoniale hiftorico e politico, da Leti. 6. *v. in* 8.

1105 Mem. & Négociations fecretes, par de la Torre. *La Haye* 1721. 5. *v. in* 8.

1106 Sulpitius Severus. *Elzevir.* 1656. *in* 12.

1107 Sulpitius Severus Variorum. *in* 8.

1108 Mœurs des Ifraëlites & des Chrétiens. *in* 12.

1109 Hift. de l'Eglife, par Godeau. 6. *v. in* 12.

1110 Mem. pour l'Hift. Eccléfiaft. (par le P. d'A-vrigny.) 4. *v. in* 12.

1111 Tables des Archevêchez & Evêchez de l'U-nivers, par de Commanville. *in* 8. *mar.*

1112 Hiftoire des Papes. *in* 12.

1113 Hiftoires des Conclaves. *in* 12.

1114 Cardinalifmo, da Leti. *Holl.* 3. *v. in* 12.

1115 Nipotifmo di Roma, da Leti. *Holl. in* 12.

1116 Hift. des Ordres Religieux & Militaires, par Hermant. *in* 12. 2. *v.*

1117 Hift. Monaftiq. d'Orient, (par Bulteau.) *in* 8.

1118 Les Moines empruntez. *in* 12.

1119 Vie de Sainte Therefe, trad. par Chanut. *in* 8.

1120 Vie de l'Abbé de la Trape, par de Maupeou. 2. *v. in* 12.

1121 Vie du même, par le Nain. 2. *v. in* 12.

1122 Vie & mort du Comte de Santena, Relig. de la Trape. *in* 12.

1123 Vie de l'Abbé du Val-Richer, par Buffier. *in* 12.

1124 Vie du B. Raymond Lulle, par de Vernon. *in* 12.

1125 Vie de S. Ignace, par Bouhours. *in* 12.

1126 Vie de S. Philip. de Neri, trad. de l'Ital. *in* 8.

1127 Vie du P. de Condren. *in* 8.

1128 Martyrologium Romanum. *in* 8.

1129 Vies des SS. de l'Anc. Teft. 6. *v. in* 12.

1130 Difcours fur Sainte Marie Magdeleine, par Anquetin. *in* 12.

1131 Recueil de Vies de quelques Saints, trad. *in* 12.

1132 Vies des SS. par de Mello. 4. *v. in* 8.

1133 Vie de S. Paulin. *in* 8.

1134 Vie de S. Thomas de Cantorbery. *in* 12.

1135 Vie de S. Charles Borromée, par Godeau. *in* 12.

1136 Vie de S. François de Sales, par Marfollier. 2. *v. in* 12.

1137 Vie de Sainte Géneviéve, trad. par Lallemant. *in* 12.

1138 Vie de Sainte Géneviéve, avec l'Eloge de Madame de Miramion. *in* 12.

1139 Vie du B. Lopez, trad. par Arnauld d'Andilly. *in* 12.

1140 Vie de M. de Renty, par de Saint-Jure. *in* 12.

1141 Vie de M. le Picart, par Hilarion de Cofte. *in* 8.

1142 Vie de M. de Queriolet. *in* 12.

1143 Vie & Retraite du Cheval. de Reynel. *in* 12.

1144 Vie de M. de Courville. *in* 12.

1145 Vie de M. le Nain de Tillemont. *in* 12.

1146 Vie de la Duch. de Montmorency. *in* 8. *mar.*

1147 Vie de Madem. de Melun, par Grandet. *in* 8.

1148 Vie de la Mere Elizabeth de l'Enfant Jefus, Dominicaine. *in* 8.

1149 Vie de Mademoifelle Ranquet. *in* 12.

1150 Vie de Mademoifelle le Gras, par Gobillon. *in* 12.

1151 Hift. choifies de l'Ecriture & des Peres. *in* 24.

1152 Boileau Hift. Flagellantium. *in* 12.

1153 Hiftoire de l'Arianifme, par Mainbourg. 3. *v. in* 12.

1154 Critique de l'Hist. du Calvinifme de Maim-
bourg, par Bayle. 2. *v. in* 12.

1155 Hist. des Juifs de Jofeph, trad. par Arnauld
d'Andilly. 5. *v. in* 12.

1156 Explic. de l'Hist. de Jofeph. *in* 12.

1157 Vie de Salomon, par de Choify. *in* 8.

1158 Cérémonies & Coutumes des Juifs. *in* 12.

1159 Histoire Ancienne, par Rollin. 13. *tom. en* 14.
v. in 12.

1160 Q. Curtius Variorum. *in* 8.

1161 Q. Curtius, cum comment. Cellarii. *Haga-
com.* 1727. 2. *v. in* 8.

1162 Q. Curce, trad. par de Vaugelas. *in* 12.

1163 Petitus de Amazonibus. *in* 8.

1164 Florus Variorum. *in* 8.

1165 Titus Livius. *Elzevir* 1678.

1166 Titus Livius Variorum & Gronovii. 3. *vol.*
in 8.

1167 Titus Livius, cum notis Variorum, ex edit.
Tillemonii. 3. *v. in* 12.

1168 Tacitus Variorum. 2. *v. in* 8.

1169 Tacite, trad. avec des notes, par Amelot de
la Houffaie. 2. *v. in* 12.

1170 Polybe, trad. par du Ryer. 3. *v. in* 12.

1171 Appianus Alexandrinus, Gr. Lat. Variorum.
2. *v. in* 8.

1172 Salluftius Variorum. *in* 8.

1173 Sallufte Lat. Fr. *in* 12.

1174 Suetonius Variorum. *in* 8.

1175 Suetone traduit. *in* 12.

1176 Hiftoriæ Auguftæ Scriptores, Variorum.
in 8.

1177 Hiftoire Romaine d'Echard, traduite. 6. *v.*
in 12.

1178 Hiftoire Romaine de Rollin, continuée par
M. Crevier. 10. *v. in* 12. *br.*

1179 Hiftoire de Théodofe, par Flechier. *in* 12.

G

1180 Relation de Rome. *in* 12.

1181 Mercurio errante delle Grandezze di Roma ; da Roffini. *Roma* 1732. *in* 12. *fig.*

1182 Vita di Donna Olimpia , da Gualdi. *in* 12.

1183 Diario del Card. Bentivoglio. *in* 8.

1184 Vita del Duca d'Offuna , da Leti. *Amft.* 1699. 3. *v. in* 8. *fig.*

1185 Mémoires du Duc de Guife , fur fon expédition de Naples. *in* 12.

1186 Opere di Paolo Sarpi. 4. *v. in* 12.

1187 Hiftorie Fiorentine di Macchiavelli. *in* 12.

1188 Recherches des Recherches de Pafquier , par Garaffe. *in* 8.

1189 Hiftoire des François , de Saint Gregoire de Tours , traduite par de Maroiles. 2. *v. in* 8,

1190 Abrégé de Mezeray. *Par.* 1676. 8. *v. in* 12.

1191 La Suite de Mezeray , par Limiers. *Amft.* 1728. 3. *v. in* 12.

1192 Le même Abrégé de Mezeray , avec la Suite de Limiers. *Amft.* 1728. 3. *v. in* 12.

1193 Inftructions fur l'Hiftoire de France & la Romaine , par le Ragois. *in* 12.

1194 Minorité de S. Louis , avec l'Hiftoire de Louis XI. & de Henry II. par Varillas. *in* 12.

1195 Hiftoire des Templiers , par Dupuy. *in* 12.

1196 Hiftoire du Chevalier Bayard , avec le Supplément d'Expilly. *in* 8.

1197 Hift. de François I. par Varillas. 3. *v. in* 12.

1198 Difcours des déportemens de Catherine de Medicis. *in* 8.

1199 Boucher de jufta Henrici III. abdicatione. *in* 8.

1200 Mémoires de la Reine Marguerite. *in* 12.

1201 Hiftoire de Henry IV. par de Perefixe. *Elzevir.* 1661. *in* 12.

1202 Lettres de Bongars. *in* 8.

1203 Mémoires de Belliévre & de Sillery. 2. *v. in* 12.

1204 Chronologie Septenaire , & Mercure Fran-çois. 25. *v. in* 8. *manque le* 25*e. tome du Mer-cure.*

1205 Mémoires de Cheverny. 2. *v. in* 12.

1206 Mémoires de Sully. *Par.* 9. *v. in* 12.

1207 Les mêmes. *Amst.* (*Trevoux*) 1725. 12. *v. in* 12.

1208 Mémoires de Baffompierre. 2. *v. in* 12.

1209 Hiftoire du Duc d'Epernon , par Girard. 3. *v. in* 12.

1210 Gramondi Hift. Galliæ. *Elzevir. in* 8.

1211 Mars Gallicus. *in* 12.

1212 Journal du Cardinal de Richelieu. 2. *v. in* 12.

1213 Teftament politique du Cardinal de Riche-lieu. *in* 12.

1214 Mémoires de Henri Duc de Bouillon. *in* 12.

1215 Joly de l'Inftitution du Roy. *in* 8.

1216 Recueil de Piéces , Réponfe aux Mémoires de la Chaftre, &c. *in* 12.

1217 Sacre de Louis XIV. *in* 12.

1218 Mémoires de Chavagnac. 2. *v. in* 12.

1219 Vie de M. de Turenne , par du Buiffon. *in* 12.

1220 Teftament politique de M. Colbert. *in* 12.

1221 Mémoires de Maffiac. *in* 12.

1222 Journal du Siége de Landau en 1702. *in* 8.

1223 Géographie Françoife , par du Val. *in* 12. *figures enlum.*

1224 Antiquités des Villes de France , par du Chef-ne. *in* 8.

1225 Defcription de Paris, par Brice. 3. *v. in* 12. *fig.*

1226 La même. 4. *v. in* 12. *fig.*

1227 Mémoires de la Province de Champagne , par Baugier. 2. *v. in* 8.

1228 Hiftoire des Ducs de Bretagne, par l'Abbé des Fontaines. 6. *v. in* 12. *br.*

1229 Détail de la France, (par de Boisguillebert.) *in* 12.

1230 Dixme Royale, par M. de Vauban. *in* 12.

1231 Système d'un nouveau Gouvernement en France, par de la Jonchere. 4. *v. in* 12. *br.*

1232 Etat de la France. 1718. 3. *v. in* 12.

1233 Histoire des Dignités honoraires de France, par Malingre de S. Lazare. *in* 8.

1234 VII⁰ Abrégé du Militaire de France, par L'emau de la Jaisse. *in* 8. *br.*

1235 Histoire de l'Empereur Charles V. traduite de l'Espagnol par du Perron le Hayer. *in* 12.

1236 Etat présent des affaires d'Allemagne, avec la Campagne de M. de Turenne de 1674. *in* 12.

1237 Vie de Charles V. Duc de Lorraine. *in* 12.

1238 Mémoires du Marquis de Beauvau. *in* 12.

1239 Historia Genevrina, di Leti. *Amst.* 1686. 5. *v. in* 12.

1240 Histoire de Geneve, par Spon. 2. *v. in* 12.

1241 Guerre de Flandre, de Strada, trad. par du Ryer. 4. *v. in* 12. *fig.*

1242 Grotii Annales Belgici. *Amst.* 1658. *in* 8.

1243 Histoire de Hollande, par le Noble. 2. *v. in* 12.

1244 Mémoires de Jean de Wit. *in* 12.

1245 Histoire d'Espagne, tirée de Mariana & autres Auteurs. 9. *v. in* 12.

1246 Lettres de Filtz-Moritz. *in* 12.

1247 Abrége de l'Histoire de Portugal, par Maugin. *in* 12.

1248 Relation des Troubles de Portugal en 1668. *in* 12.

1249 Theatro Britannico, di Leti. *Amst.* 1684. 5. *v. in* 12.

1250 Camdeni Annales Angliæ. *Elzevir. in* 8.

1251 Caractére d'Elisabeth & de ses Favoris, traduit de l'Anglois. *in* 12.

1252 Hiſtoire du Procès de Charles Stuart, trad. de l'Anglois. *in* 8.

1253 Mémoires de Ludlow, trad. de l'Anglois. 2. *v. in* 12.

1254 Hiſtoire de Henriette de France, Reine d'Angleterre. *in* 8.

1255 Vie de Marie Reine d'Angleterre, traduite de Burnet. *in* 8.

1256 Buchanani Hiſtória Scotiæ. *Elzevir. in* 8.

1257 Mémoires de Suede, par Linage de Vauciennes. 3. *v. in* 12.

1258 Sciſſion de Pologne de 1697. par de la Bizardiere. *in* 12.

1259 Hiſtoire des Turcs, par du Verdier. 3. *v. in* 12.

1260 Hiſtoire des Grands Vizirs, par de Chaſſepol. 3. *v. in* 12.

1261 Athenes ancienne & nouvelle, par de la Guilletierre. *in* 12.

1262 Conquête de Jeruſalem par Saladin. *in* 12.

1263 Hiſtoire des Croiſades, par Maimbourg. 4. *v. in* 12.

1264 Etat preſent de Perſe, par Sanſon. *in* 12.

1265 Hiſt. de Thamas Koulikan, ou de la derniére Révolution de Perſe, par du Cerceau. *in* 12. *br.*

1266 Martinii Hiſtoria Sinica. *Amſt. in* 8.

1267 Hiſtoire des Iſles Marianes, par le Gobien. *in* 12.

1268 Hiſtoire d'Ethiopie, tirée de Ludolf. *in* 12. *fig.*

1269 Traité de la Nobleſſe, par de Belleguiſe. *in* 12.

1270 Traité du Blaſon, par de la Roque. *in* 12.

1271 Abrégé du Blaſon. *in* 12. *fig.*

1272 Méthode du Blaſon, par Meneſtrier. *in* 12. *fig.*

1273 Briſſonius de veteri Ritu Nuptiarum. *in* 12.

1274 Traité des Feſtins, par Muret. *in* 12.

1275 Introduction à la connoiſſance des Medailles, par Patin. *in* 12.

1276 Hiſtoire de l'Académie Françoiſe, par Pelliſſon. *in* 12.

1277 Bellarminus de Scriptoribus Eccleſiaſt. *in* 8.

1278 Bibliotheca Thuana. 2. *v. in* 8.

1279 Bibliotheque univerſelle, par le Clerc. 22. *v. in* 12. *manq. les tom.* 9. 10. *&* 11.

1280 Vies & Œuvres de Plutarque, traduites par Amyot. 8. *v. in* 8.

1281 Vies de Plutarque, traduites par Tallemant. 8. *v. in* 12.

1282 Les Femmes illuſtres, par de Scudery. 2. *v. in* 12. *fig.*

1283 Eloges des Sçavans, par Teiſſier. 2. *v. in* 12.

1284 Vie du P. Paul, (Paolo Sarpi,) traduite de l'Italien. *in* 12.

1285 Le Parnaſſe François, par M. Titon du Tillet. *in* 12.

1286 Valerius Maximus de Dictis & Factis memorabilibus, cum notis Minellii. *in* 12.

1287 Selectæ ex ſacris & profanis Scriptoribus Hiſtoriæ. 3. *v. in* 12.

1288 Evenemens hiſtoriques choiſis. *in* 12.

S U P L E M E N T.

Pluſieurs Paquets de Livres qui n'ont pas paru mériter une Deſcription particuliere.

Dix Cartes & Plans gravez ou à la main, montez & collez ſur toile.

Tables Chronologiq. de M. de l'Iſle, en deux Cartes montées.

Les Tablettes, & Armoires au-deſſous, de bois de chêne, en deux grands corps qui peuvent ſe diviſer.

Les Tablettes du petit Cabinet, auſſi de bois de chêne.

Grande Echelle en eſcalier.

F I N.

LA VENTE desdits LIVRES se fera en détail au plus Offrant & dernier Enchérisseur, Jeudi 29 Février 1748, & jours suivans, depuis deux heures de relevée jusqu'au soir, Vieille Rue du Temple près la Rue S. François. Les LIVRES seront exposés dans l'ordre qui suit.

Jeudi 29 Février,

THEOLOGIE in 8. depuis le N° 571. (*p.* 24. du Catal.) jusqu'à 597. incluf.

JURISPRUDENCE in 4. depuis le N° 334. (*p.* 14.) jusqu'à 355.

SCIENCES & ARTS, in 8. depuis le N° 927. (*p.* 39.) jusqu'à 937.

HISTOIRE, in 8. depuis le N° 1089. (*p.* 46.) jusqu'à 1101.

Histoire, in fol. depuis le N° 163 (*p.* 7.) jusqu'à 181.

Vendredi 1. Mars.

THEOL. in 8. depuis le N° 598. (*p.* 25.) jusqu'à 610.

THEOL. in fol. depuis le N° 1. (*p.* 1.) jusqu'à 11.

JURISPRUDENCE in fol. depuis le N° 23. (*p.* 2.) jusqu'à 42.

BELLES-LETTRES in 8. depuis le N° 999. (*p.* 43.) jusqu'à 1012.

HISTOIRE, in 8. depuis le N° 1102. (*p.* 47.) jusqu'à 1124.

HISTOIRE, in 4. depuis le N° 470. (*p.* 19.) jusqu'à 480.

Samedi 2. Mars.

THEOL. in 8. depuis le N° 611. (*p.* 25.) jusqu'à 621.

THEOL. in 4. depuis le N° 297. (*p.* 13.) jusqu'à 309.

JURISPRUDENCE, in 8. depuis le N° 851. (*p.* 35.) jusqu'à 871.

SCIENCES & ARTS, in 4. depuis le N° 435. (*p.* 18.) jusqu'à 446.

HISTOIRE, in 8. depuis le N° 1125. (*p.* 47.) jusqu'à 1145.

HISTOIRE, in fol. depuis le N° 182. (*p.* 8.) jusqu'à 195.

Lundi 4. Mars.

THEOL. in 8. depuis le N° 622. (*p.* 26.) jusqu'à 633.

THEOL. in 4. depuis le N° 310 (*p.* 13.) jusqu'à 322.

BELLES-LETTRES, in 8. depuis le N° 1013. (*p.* 43.) jusqu'à 1027.

HISTOIRE, in 8. depuis le N° 1146. (*p.* 48.) jusqu'à 1169.

HISTOIRE, in 4. depuis le N° 481. (*p.* 19.) jusqu'à 488.

JURISPRUD. in fol. depuis le N° 43. (*p.* 3.) jusqu'à 63.

Mardi 5. Mars.

THEOL. in 8. depuis le N° 634. (*p* 26.) jusqu'à 654

JURISPRUD. in 8. depuis le N° 872. (*p.* 36.) jusqu'à 890.

Sciences & Arts, in fol. depuis le Nº 141. (*p.* 6.) juſqu'à 147.

Belles-Lettr. in 4. depuis le Nº 447. (*p.* 18.) juqu'à 456.

Histoire , in 8. depuis le Nº 1170. (*p.* 49.) juſqu'à 1179.

Histoire , in 4. depuis le Nº 489. (*p.* 20.) juſqu'à 498.

Histoire , in fol. depuis le Nº. 196. (*p.* 8.) juſqu'à 210.

Mercredi 6. Mars.

Theol. in 8. depuis le Nº 655. (*p.* 27.) juſqu'à 667.

Theol. in 4. depuis le Nº 323. (*p.* 14.) juſqu'à 333.

Jurisprud. in 8. depuis le Nº 891. (*p.* 37.) juſqu'à 903.

Jurisprud. in 4. depuis le Nº 356. (*p.* 15.) juſqu'à 367.

Sciences & Arts , in 8. depuis le Nº 938. (*p.* 40.) juſquà 951.

Histoire, in 8. depuis le Nº 1180. (*p* 50.) juſqu'à 1192.

Histoire , in fol. depuis le Nº 211. (*p.* 9.) juſqu'à 230.

Jeudi 7. Mars.

Theol. in 8. depuis le Nº 668 (*p.* 28.) juſqu'à 693.

Jurisprud. in fol. depuis le

Nº 64. (*p.* 3.) juſqu'à 86.

Belles-Lett. in 8. depuis le Nº 1028. (*p.* 44.) juſqu'à 1042.

Histoire , in 8. depuis le Nº. 1193. (*p.* 50.) juſqu'à 1204.

Histoire, in 4. depuis le Nº 499. (*p.* 20.) juſqu'à 518.

Vendredi 8. Mars.

Theol. in 8. depuis le Nº 694. (*p.* 29.) juſqu'à 717.

Jurispr. in 8. depuis le Nº 904. (*p.* 38.) juſqu'à 917.

Jurisp. in 4. depuis le Nº 368. (*p.* 16.) juſquà 376.

Belles-Lett. in 8. depuis le Nº 1043. (*p.* 44.) juſqu'à 1057.

Histoire, in 4. depuis le Nº 519. (*p.* 20) juſqu'à 529.

Histoire , in fol. depuis le Nº 231. (*p.* 9) juſqu'à 251.

Samedi 9. Mars.

Theol. in 8. depuis le Nº 718. (*p.* 30.) juſqu'à 741.

Jurisprud. in 4. depuis le Nº 377. (*p.* 16.) juſqu'à 395.

Sciences & Arts, in 8. depuis le Nº 952. (*p.* 40.) juſqu'à 566.

Histoire, in 8. depuis le Nº 1205. (*p.* 51.) juſqu'à 1216.

Histoire, in fol. depuis le Nº 252. (*p.* 10.) juſqu'à 273.

La Liſte de la Semaine ſuivante , ſe diſtribuera Samedi 9. Mars.

On vendra à chaque Séance quelques-uns des Paquets , dont le détail n'eſt point dans le Catalogue.

Le préſent Catalogue ſe trouve chez G. Martin *, Libraire, rue S. Jacques , à l'Etoile.*

www.ingramcontent.com/pod-product-compliance
Ingram Content Group UK Ltd.
Pitfield, Milton Keynes, MK11 3LW, UK
UKHW021705130726
13696UKWH00004B/1657